Bekenntnisse

Gedichte

Anna Binder-Neetz

ISBN: 978-3-7693-1671-1

Copyright: Anna Binder-Neetz

Printet: 2024

Verlag: BoD · Books on Demand GmbH, In de Tarpen 42,

22848 Norderstedt, bod@bod.de

Druck: Libri Plureos GmbH, Friedensallee 273, 22763 Hamburg

Covervorderseite: Ausschnitt aus: „Das Labyrinth in Chartres" von Christine Hecht del Bianco

Coverrückseite: Foto vom Westportal der Kathedrale in Chartres

LIEBE LESERIN UND LIEBER LESER,

Solltest du meinen ersten (und bisher einzigen) Gedichtband bereits kennen, freue ich mich, dass du es noch einmal mit mir versuchen willst.

Ist dieses vorliegende Büchlein für dich der Einstieg, dann mache dich bitte darauf gefasst, dass meine Texte womöglich nicht dem entsprechen, was du als zeitgemäße Dichtung erwartest. Es sind sehr persönliche Texte/Gedichte, die sich meistens noch reimen wie vor 200 Jahren.

Auch dieses Mal ist es eine bunte Mischung von Gedichten. Einige beziehen sich auf die Natur mit ihren Jahreszeiten, viele auf die Liebe (was gäbe es auch Schöneres?) und manche auch auf Transzendentes. Aber auch aktuelle Themen, die mich beschäftigen, sind dabei wie z.B. der Krieg, der sog. Transhumanismus oder die KI. Neu ist dieses Mal, dass ich kleine Texte in Prosa dazwischen gestreut habe, die erläutern, auflockern und einen Bogen spannen sollen. Da ich weiß, dass nicht jede*r mit diesen Texten etwas anfangen kann, sind sie kleiner und kursiv gedruckt, sodass du sie auch einfach ‚übersehen' kannst!

Oft gibt es einen persönlichen biographischen Bezug, mal deutlicher und mal versteckter, wobei ich die ‚Abbruchkanten' meines Lebens dadurch versuche widerzuspiegeln, dass es immer wieder auch inhaltliche Brüche und scheinbare Widersprüche gibt.

Darüber hinaus, ich gestehe es lieber gleich, steht manches Mal im Hintergrund das Bedürfnis, aufzuwecken, Dinge bewusst zu machen. Wenn das nervt, kann ich es gut verstehen, aber da komme ich nicht heraus: Als Therapeutin bin ich in gewisser Weise zugleich auch pädagogisch und seelsorgerisch tätig, und in allen drei Richtungen sehe ich mich in der Verantwortung.

Ich kann das Texte- oder Gedichteschreiben übrigens nur wärmstens empfehlen: Es lässt sich mit unserer schönen Sprache wirklich eine Menge machen! Das macht Spaß und kann eine durchaus befreiende und belebende Wirkung haben, so wie natürlich auch jede andere Kunst: Ob ich nun male, musiziere, töpfere, tanze oder was immer sonst in dieser Richtung tue - die Wirkung auf mich selbst ist dabei immer wohltuend und mit Glück erfreuen sich auch andere daran.

In diesem Sinne wünsche ich viel Freude, Anregung zum Nachdenken und den Mut, es selbst zu versuchen!

VORNEWEG

Auch wenn es nicht von vornherein
soll hiermit ausgeschlossen sein,
dass noch mehr dieser Hefte
beanspruchen die Kräfte,
so bleibt nun doch zu hoffen,
dass keine Fragen offen...

Das meiste hat mir Spaß gemacht,
nur manchmal hab' ich nachgedacht,
ob nicht recht viele Dinge,
die ich hier so besinge,
sollt' besser ich verschweigen,
weil sie ein wenig eigen...?

Doch hab' ich mich gehalten
an jenen Satz, den alten,
zwar allseits wohlbekannt,
wird er hier noch genannt:
Und ist der Ruf erst ruiniert,
so denkt und lebt sich's ungeniert,
was jedem nur zu wünschen ist -
damit du der wirst, der du bist!

(Ich bleibe altertümlich,
was wirklich nicht sehr rühmlich,
doch ist das Gendern kompliziert

bei dem Gedichteschreiben,
drum bin auch da ich ungeniert
und lass es einfach bleiben.)

WARUM REIMEN?

Eigentlich, das muss ich sagen,
fällt zu dichten leichter mir
in den Tagen voller Klagen,
wenn es knirscht im Herzen hier.

Doch auch Frühling, Herbst und Wetter
abseits der Normalität
sind zuweilen Reim-Erretter,
wenn ein Hauch von Wandel weht.

Kurz, des Reimes Expertise
sind für mich, wie ich gesehn,
oftmals Sehnsucht oder Krise -
was dann doch wieder recht schön.

Denn so ist mir nützlich alles,
und es ist schon fast ein Sport:
Wenn im Falle eines Falles
immer wieder hilft das Wort.

Und da ich bekanntermaßen Therapeutin bin, nun also auch von mir ein

KLEINER GESUNDHEITSRATGEBER

Sinnvoll ist - und sehr beliebt,
kluger Ratschlag, den man gibt...
Und gar zu Gesundheitsfragen
ist es wichtig, viel zu sagen!

Drum will ich nicht länger schweigen
und dir hier die Richtung zeigen,
dass gesund du bleibst auf Jahre
(mit oder auch ohne Haare).

Wusstest du, dass beinah immer
dieser Ernstfall wird noch schlimmer,
wenn man ihn nicht in der Richtung
führt gezielt in die Verdichtung?

Doch das interessiert wohl keinen,
während hier, von dieser kleinen
unscheinbaren grünen Pflanze
profitiert zumeist das Ganze!

Ganz hingegen sollst du lassen,
davon mehr als nur zwei Tassen,
und erst recht nicht abends bitte,
denn das bringt dich aus der Mitte!

Während, willst du länger leben,
ist es nützlich, mehr zu geben,
dann zum Beispiel noch zu tun
diese Übung - und dann ruhn!

Schließlich ist Gesundheit alles,
doch im Falle eines Falles
sollte man sich daran halten,
denn nur so kann sich's entfalten.

Hinterher ein Schlückchen Saft,
und schon hast du es geschafft,
du warst wirklich fabelhaft,
In der Ruhe liegt die Kraft!

Jetzt aber mal im Ernst!

DAS FIEBER

Es war schon ein Septembertag
mit sommerlichem Charme,
die Grippe auf der Lauer lag,
doch war ihr's noch zu warm.

Nach weiteren zwei Wochen dann,
in denen viel geschah,
da fing es erst mit Schnupfen an
und dann war alles da:

Mit Fieber, Kopfdruck, Schmerz und Schleim –
erbärmlich geht es mir,
da bleibt nur noch das Bett daheim
und sehr viel Rotzpapier.

Termine werden abgesagt
und zugedeckt, was friert,
doch wer jetzt nach dem Impfpass fragt,
hat eines nicht kapiert:

Auch wenn es erstmal unbequem
ist Fieber allemal
ein Input fürs Immunsystem
und schon auch sonst genial:

Der Körper heizt den Ofen an,
was stört, verbrennt er schlicht,
bewundernswert, dass er das kann -
Drum unterdrück es nicht!

*Therapeutisches kommt in diesem Band ansonsten nicht mehr so
direkt vor. Wem das fehlt, der besuche mich gern in meiner Praxis
in Konstanz am Bodensee, da können wir dann über alles reden!*

KLEINE GESCHENKE

Gedichte sind kleine Geschenke:
eine blühende Rose am Strauch,
die duftet, dass ich daran denke,
das Leben ist Sonnenschein auch.

Gedichte sind zierliche Wesen,
die leichtfüßig kommen daher,
die Seele zu streicheln beim Lesen,
dann weiter zu huschen, nichts mehr.

Behutsam sind manche Gedichte,
wie ein zärtlicher Sommerwind,
eine glitzernde Wellengeschichte,
das Lächeln von einem Kind.

Dann gibt es Gedichte, die heftig
laut poltern die Treppe herauf.
Sie öffnen die Stubentür kräftig
und wecken die Langschläfer auf.

Und manche Gedichte sich senken
tief in mein Herz hinein.
Sie lassen mich fühlen und denken
ein Liebes - was mag das sein?

ZEICHEN

Es standen Zeichen an der Wand,
die farbenfroh und licht.
Die Schrift schien mir erst unbekannt,
und ich verstand sie nicht.

Die Wand war einem Vorhang gleich
und durchsichtig beinah,
die Zeichen, farb- und formenreich,
sie waren plötzlich da.

Mir schienen sie bedeutungsvoll
In jenem schönen Saal.
Wenn ich es übersetzen soll
stand da: du hast die Wahl!

Verwundert sah ich sie mir an,
wer hatte sie gemacht?
Recht lange ich darüber sann -
so bin ich aufgewacht.

Mir scheint, dass beides steckt darin:
Kapuze auf, wenn's weht,
und gleichzeitig mit Hintersinn
gestalten das, was geht!

Soweit mein Lebensmotto (wer den ersten Band gelesen hat, kennt es bereits), man könnte es zusammenfassend auch mit dem schönen Spruch bezeichnen: Jeder ist seines eigenen Glückes Schmied, oder, wie es auf einem Schild in meiner Praxis steht: Es ist, was es ist, aber es wird, was du daraus machst.

Nun geht es wieder um das Staunen über die Natur. Auch das ist nicht neu, aber für mich (und quasi alle meine dichtenden Vorgänger, besonders natürlich die Romantiker) immer wieder aufs Neue Anlass zum Dichten, Singen und Nachdenken:

FRÜHJAHR

Es raschelt im trockenen Laube der Wind,
und warm streicht ein Lufthauch aus Süd,
weißstrahlende Blüten am Waldboden sind,
vieltönend der Vögelein Lied.

Ein Drängen und Quellen, ein Blühn und Verwehn,
geheimnisvoll, doch altbekannt.
Ein Sehnen und Wähnen, Geheimes erspähn,
durchzieht und verzaubert das Land.

Und treibt wohl ein launischer Frühlingstag
mit Regen und Schnee dich vom Feld,
so singe mit Freude, wer singen mag:
noch schöner wird darum die Welt!

Und streicht mit dem Werden Vergangenes daher,
was aus der Zeit dich versetzt,
betrachte es freundlich, doch nimmer zu sehr,
dein Leben ist heute und jetzt!

UND WIEDER FRÜHLING

Wie jedes Jahr will ich den Frühling küssen
und halten ihn für einen Augenblick.
Wie jedes Jahr werd' ich mich trennen müssen,
dann bleibt mir nur sein Andenken zurück.

Natürlich will ich nicht den Sommer missen,
er lockt mit sonnenwarmem, purem Sein.
Allein des Frühlings Wandlungskraft, sein ‚Wissen',
und sein Geheimnisvolles, das ist mein!

Denn ist es nicht ein Ungeheuerliches,
bedenke man, wie trüb der Winter war,
wenn bunt die Welt wird auf ein Neuerliches,
klangvoll und duftend wie in jedem Jahr?

Wohl aus dem Kosmos klingt zuerst dies ‚Werde!'
auf harten Grund, von Eis und Schnee bedeckt,
Verwandlung in der Luft und auf der Erde,
was kaum bemerkt den Frühling aufgeweckt.

Sodann, verstohlen fast, die zarten Frühen,
zumeist in Weiß und Gelb und Violett,
dem Winter Abgerungenen, erblühen
mit ersten warmen Strahlen im Duett.

Voll Phantasie wird prachtvoller sein Walten,
bald blühen Bäume weiß und rosarot,
und immer zauberhaftere Gestalten
entringen sich ein weiteres Mal dem Tod.

Bis alles sich in einem sanften Beben
in reichster Vielfalt übertrifft und zeigt,
und nichts mehr ist, dass nicht voll Kraft und Leben
vor einer großen Weisheit sich verneigt.

*Die nun folgende kleine Geschichte hat sich hier hereingeschmug-
gelt, wahrscheinlich, weil sie mit Ostern zusammenhängt.*

DER STEIN DER WEISEN

Meist suche schlicht ich nach dem Stein der Weisen.
Nach jenem Wort, in dem die Welt mitschwingt,
und freu mich dann, wenn von Gedankenreisen
bisweilen etwas abfällt, das gut klingt.

Besonders liebe ich die alten Worte,
die heute keiner mehr so recht versteht.
Das ist dann so, wie mit der Sahnetorte,
die ohne Analyse runtergeht.

Auch immer schön ist, neue Worte finden,
auf diese hat der Dichter jedes Recht.
Es lässt sich manche Weisheit so verkünden,
von der du nicht ganz sicher, ob sie echt.

An Ostern suchten wir in unserm Garten
die bunten Eier, so wie jedes Jahr.
Und so wie immer war nur zu erwarten,
ein letztes blieb versteckt, das war ja klar.

Nun glänzte es mir heute rot entgegen,
nur halb bedeckt von einem Fingerhut.
Es war ein unverhoffter Ostersegen
und allemal für diese Weisheit gut:

Sei froh und dankbar über jeden Brocken,
auch wenn er nicht der Stein der Weisen sei.
Mit etwas Glück kannst du ihm noch entlocken
Gehaltvolles wie einem Osterei.

IM MAI

Lichtvoll ist die Welt im Maien,
alles regt sich, alles lebt,
und Natur, sich zu erneuen,
machtvoll in die Fülle strebt.

Blüten duftend sich entfalten -
doch des Baumes volle Pracht
wird nur kurze Zeit sich halten
und verschwindet über Nacht.

Herr, du lässt in alles Schöne
das Vergängliche herein.
Es verklingen süße Töne,
es verweht der Blüten Schein.

Und die Welt wird wieder stiller,
und das Jahr nimmt seinen Lauf,
aus des Frühlings buntem Triller
steigt schon bald der Herbst herauf.

Ernten, danken und bewahren
eine lange dunkle Zeit,
Sterben, Einsamkeit erfahren,
eines trüben Winters Leid.

Doch ein Walten, Schaffen, Weben
durch das Wort, das ewig spricht,
bringt hervor viel neues Leben,
eines neuen Frühlings Licht.

Heute den Moment gestalten,
liebend oder auch im Schmerz,
mag Erinnerung erhalten
seine Fülle meinem Herz!

PFINGSTEN

Pfingsten ist - was soll ich sagen?
Sonne scheint, der Himmel blau,
wären da nicht so viel Fragen,
wüsste ich es ganz genau.

Warum ist die Wiese wieder
(wie die Bäume auch) so grün?
Warum singen Vögel Lieder,
was lässt farbig Blumen blühn?

Wer malt bunte Regenbogen,
Schafft den Donner und den Blitz?
Warum bin ich dir gewogen?
Wo ist meines Staunens Sitz?

Bin ich einzeln? Bin verbunden?
Bin Natur ich oder Geist?
Muss ich erst die Welt umrunden,
zu verstehn, was Pfingsten heißt?

Wer die Welt liebt, liebt das Wandern
und das Fragen auch zumeist.
Ob allein oder mit andern,
da wo Leben ist, ist Geist.

*Das nun folgende Gedicht entstand schon vor vielen Jahren und war
so etwas wie ein gedichteter Blumenstrauß. Es war für einen Arzt,
der mich lange Jahre begleitete, und dem ich sehr viel zu verdanken
habe, nicht nur deshalb, weil er sich von mir statt mit Geld, das in
dieser Zeit sehr knapp war, mit Blumen ‚bezahlen' ließ.*

ROSEN

O Herr, wenn Deiner Botin hoher Lauf
verkündet uns des Sonnenjahres Mitte
und Kinder tanzen nach der alten Sitte
um den Johannibaum, blühn Deine Rosen auf.

Wo sich das Meer mit freudigem Erguss
und wohl auch übermütig naht dem Land,
verschwendend seine Gaben an den Strand,
blüht leuchtend ihr, zu höherem Genuss.

Und wenn der Wind, der sonst vom Meere nimmt,
das Land erfrischt mit salzig-herben Grüßen,
euch streichelte, wird er die Luft versüßen
mit eurem Duft, der sommerlich uns stimmt.

Noch lange bürgt ihr für des Sommers Gaben,
der reich die Welt beschenkt mit Rosengleichen,
denn selbst wenn eure letzten Blüten weichen,
darf sich der Blick an euren Früchten laben.

So nimm o Herr als Dank für Deine Güte,
in der Du schenktest Schönheit Deiner Erde,
dass leuchtend auch von innen sie einst werde,
mein ganzes Herz, das still dies Wunder hüte.

SONNENAUFGANG

Erhaben steigt sie strahlend aus dem Dunst,
als wäre dies alltäglich, doch mir scheint,
dass dieser Augenblick, ging's hier um Kunst,
als Bild der Gottesliebe wär' gemeint.

Und, unter uns, wer weiß es denn genau,
ob dieser Liebestern genauso strahlt,
wenn Kinder nicht, kein Mann und keine Frau
sich seinen Anblick in die Herzen malt?

Man denke nur, es wäre nicht egal,
ob Menschenherzen dankbar sind dem Licht,
und diese Kraft, sie schenkte auf einmal
dem menschlichen Bewusstsein mehr Gewicht?

Der Kluge sich an dieser Stelle denkt,
was da gesagt wird, ist doch wohl ein Scherz!
Wer jedoch heut' den Blick zur Sonne lenkt,
der lausche unbefangen in sein Herz!

*Das ist zugegeben etwas kryptisch, aber warum nicht einfach auch
so etwas einmal denken? Dieses Bewusstsein würde vielleicht man-
ches verändern.*

DER SEE

Umrahmt von Haselnuss und jungen Erlen
und reich von dunkelgrünem Schilf gesäumt,
geschmückt mit Rosen, wie mit weißen Perlen,
liegt zwischen sanften Hügeln er und träumt.

Die Sonne, deren Bahn schon bald vollendet,
steht kurze Zeit gold-leuchtend im Geäst,
und auf der kaum bewegten Fläche blendet
ein Funkenmeer, erglitzernd wie zum Fest.

Ein kühler Wind, auf dem der Abend reitet,
und der die Fläche wundersam erregt,
hat trocknes Laub am Boden ausgebreitet
und Blätter sanft auch auf den See gelegt.

Darauf lässt unbemerkt die Nacht sich sinken,
im Dorf die Glocke klingt, es ist schon spät,
vom Himmel wie vom Grund beginnt's zu blinken
von Sternen, die ins Kleid der Nacht genäht.

Bisweilen ist der Seele es gegeben,
zurückzutreten von des Alltags Tanz.
Dann spiegelt sie bereits im Erdenleben
gleich einem klaren See den Himmelsglanz.

HERBSTSPAZIERGANG

Sonnenschein, goldenes Licht
zeichnet es Muster am Grund.
Raschelnd die Blätter und bunt,
trockenes Holz leise bricht.

Löchriges Blätterdach,
nirgends ein Vogel noch singt.
Rauschen von Ferne erklingt:
unten im Tale der Bach.

Reglos sind Himmel und Wald,
Blau die Welt zärtlich umspannt,
Schönheit, die niemand erfand,
liegt sie im Sterben schon bald.

Trubel und Alltag sind weit,
lang dieser Augenblick scheint.
Was immer hier Augenblick meint
nah ist er der Ewigkeit.

ERSTE HERBSTTAGE

Und wieder hat den Himmel sie erklommen
durch weiße Schleier, nahen Herbstes Kleid.
Und hat der Nacht ein weiteres Mal genommen
die Dunkelheit und Kühle dieser Zeit.

Gezählt die Tage, die wie dieser heute,
dem Sommer Dauer geben in das Jahr.
Und weise jeder, der das Herz bereite
Für Licht im Innern, wie es außen war.

Denn was, o Herr, vermögen unsere Tage
verglichen mit der Sonne Werk und Kraft?
Doch ist nicht Zeit für Wehmut und für Klage,
gepflegt sei nun, was Licht im Innern schafft.

*Leichter gesagt als getan, aber extrem wichtig! Depressionsprophy-
laxe…. Und anders, als immer so schön in Zeitschriften o.ä. gesagt
wird, bin ich nicht der Meinung, dass es reicht, heißen Tee zu trin-
ken, die Füße hoch zu legen und sich eine Kerze anzuzünden. Effek-
tiver ist es, aktiv zu sein. Nicht unbedingt extrem sportlich (das ist
auch nicht verkehrt, aber das alte, schlichte Spazierengehen wird in
diesem Zusammenhang oft unterschätzt!). Eher meine ich alles,
was irgendwie produktiv ist und mit Kunst zusammenhängt…s.o.*

ES IST DIE ZEIT

Es ist die Zeit, wo länger schon die Schatten,
und kühl die Nacht, auch wenn der Tag noch schön,
wo zweifeln die, die keine Zweifel hatten,
und fröstelnd lang am offenen Fenster stehn.

Es ist die Zeit, in der die Wespen schwirren,
wo Mütter Ausschau halten, ruhelos,
wo in des Lebens Hochgefühl und Wirren
das Schiff versank, und übrig blieb ein Floß.

Es ist die Zeit, die Ernte einzufahren,
der Wind hat alle Blütenpracht verweht,
es ist die Zeit nicht mehr, noch Zeit zu sparen:
reiß ein dein altes Haus, eh es zu spät!

Es ist nun Zeit: das Jahr nimmt eine Wende,
der Schmetterling beendet seinen Flug.
Doch hast dein Herze du und deine Hände,
verzweifle nicht, denn das ist viel genug.

TAGE

Es ziehen die Tage wie Perlen hinunter
aus zeitlosen Fernen ins grünblaue Meer.
Sie folgen einander, mal grauer, mal bunter,
ein Schwarm von Gedanken zieht stumm hinterher.

Es werden die Tage im Dunste geboren,
aus dem eine Sonne erhaben entsteigt,
und keiner von ihnen geht jemals verloren,
wenn auch die Sonne nicht immer sich zeigt.

Doch hinter den Wolken und hinter den Sternen
ein tönendes Dunkel voll Farben und Sinn.
Wo zögernd sich lösen aus zeitlosen Fernen
die Tage wie Perlen und ziehen dahin.

Und dann immer wieder diese Sehnsucht. Was täte die Menschheit wohl ohne sie? Ich vermute, es wäre reichlich langweilig!

SEHNSUCHT

Welche ruhevolle Regung
zieht mein Herz in ihren Bann?
Nur ein Lufthauch, die Bewegung,
wie im Traum der Tag verrann.

Glänzend weiß steigt aus der Ferne
zauberhaft der Fels empor,
bis am Himmel tausend Sterne
schimmern wie der See zuvor.

Was ist Sehnen, was ist Hoffen,
Sind sie nur in meinem Lied?
Ist darin der Himmel offen,
sind sie Kraft, die niemand sieht?

Welten wurden so geboren,
Kunst und Leben, welche Macht!
Diese Welt wär längst verloren,
würde Sehnsucht nie entfacht.

Festgezurrtes mag sich dehnen
und unendlich wird die Zeit,
heil dem Hoffen, heil dem Sehnen,
sie erschaffen Wirklichkeit.

EINE HERZENSANGELEGENHEIT

Dichten wollte ich und Reimen,
fände ich das rechte Wort.
Frühlingshaft Gedanken keimen,
doch ihr Sinn strebt mächtig fort.

Ist es Sehnsucht, ist's Erstaunen?
Was ist Willkür, Leichtsinn - Pflicht?
Ist das Herz nur voller Launen?
Auf sie hören - oder nicht?

Gern wär' Vogel ich und flöge
unbeschwert ins tiefe Blau.
Ließ' zurück, was schwerer wöge,
als frühmorgendlicher Tau.

Doch hab Arme ich und Beine,
auch den Kopf, der sonst gescheit -
Sehnsucht scheint mir eine reine
Herzensangelegenheit.

Da hilft Träumen nur - und Dichten,
altes Denken nützt nicht sehr.
Darauf kann ich gern verzichten,
auf die Sehnsucht nimmermehr!

ZEIT

Jeder Einzelne. Und der Duft
aus einer Zeit,
die keinem sonst gehörte.

Verblichenes Rot
das der Wind davonträgt,
weil es zu blass geworden ist

Als dass es bleiben könnte
und der Ewigkeit standhielte.
Und doch

War es vollkommener
als die Kirschblüten hinterm Haus
oder der Schnee der fernen Berge.

Innehalten und ahnen
was Zeit vermag,
die Unersättliche.

Und eine neue Blume pflanzen,
deren Schönheit die Seele tröstet
für einen Augenblick.

DER AUGENBLICK

Der Eile sich zu widersetzen,
die heute allgemein normal,
mit Ruhe, ohne sich zu hetzen,
ist weder Faulheit, noch banal.

Nicht selten sind es Kleinigkeiten,
ein Wort, ein Windstoß oder Blick,
die unverhofft uns weiterleiten
zu einem tieferen Geschick.

Wie Vieles geht durch Hast verloren,
wo Gegenwärtigkeit beschenkt.
Der Augenblick, der oft beschworen,
ist öfter da, als man so denkt.

Es geht nicht drum, ihn fest zu halten,
den Augenblick, weil er so schön,
jedoch das Leben zu gestalten
durch Augenblicke, die wir sehn!

IN MEINER ZEIT

In meiner Zeit verstreichen wohl die Stunden
als flösse Wasser durch ein feines Sieb.
Dabei hab manches Mal ich auch gefunden,
was Schönes in den Maschen hängen blieb:

Da ist das Lächeln eines Kindermundes,
und dort die Hände einer alten Frau.
Die große Freude eines kleinen Hundes,
die Rosenblüte und ein Himmelblau.

Und will ich gar verlangsamen ihr Fließen,
so werd' ich Teil der Zeit im Augenblick.
Denn nur die Gegenwart kann in sich schließen
Verbundenheit mit allem - das ist Glück!

Dass dabei, allen angenehmen Gedanken und Gefühlen zum Trotz, das Leben aus permanenten Widersprüchen und kleinen oder auch größeren Hindernissen besteht (bzw. Herausforderungen, wie man das ja heute gerne nennt) weiß jede und jeder, kann es auch ungefähr jeden Tag wieder erleben und sich in Gelassenheit üben....

EIN SCHATZ

Ein Schatz der ganz besonderen Art
fiel jüngst mir in den Schoß,
er ist wie Gold so schwer und hart
und wirklich ziemlich groß.

Zwar ließe es sich missverstehen,
denn freilich wiegt er schwer,
und wollte man nur Schlimmes sehen,
bedrückte er doch sehr.

Allein, der Reichtum überwiegt,
den mir der Schatz gebracht.
Und hab' ich auch erst Wut gekriegt,
ein Glück wurd's über Nacht.

...Alles hängt eben doch und immer wieder von der Betrachtungsweise ab...

SINN

Es kommt für jeden mal der Tag,
an dem ein böser Schicksalsschlag
uns unser Selbstvertrauen raubt
und hinterfragt, was wir geglaubt.

Vielleicht ist Krankheit Grund für Frust,
erlittener Kontrollverlust,
die Arbeit reicht nicht mehr für's Brot,
ein lieber Freund ist plötzlich tot.

Schlimm kann es sein, was uns geschieht,
wenn nur die Gegenwart man sieht,
doch ändert oft die Zeit den Blick
und Selbstvertrauen kehrt zurück.

Das Allermeiste fügt sich ein
in unser Leben, unser Sein,
und manchmal sind wir sogar froh,
wenn deutlich wird, gut war es so!

Insofern ist viel Wahres drin
im Satz, dass nichts wär' ohne Sinn.
Die Wahrheit ist nur dann dahin,
wenn lieblos ich zu anderen bin.

ZIELE

Was ist Sinn und Ziel im Leben?
Jeder findet drauf sein Wort.
Mal ist es Erkenntnisstreben
und mal ist es einfach Sport.

Jede Zeit und jede Sippe
sieht in anderem höchsten Wert,
doch, man denke an die Wippe,
erst war's oben - dann verkehrt.

Hier kommt nun, es ist zum Lachen,
meine Weisheit auch ins Spiel:
Nicht zu tun, was andere machen,
ist Ergebnis, nicht das Ziel.

Aufmerksam ins Land zu schauen,
Sinne wach, im Herzen weit,
und alsdann voll Selbstvertrauen
Seins tun mit Besonnenheit!

Vieles nützt dabei Erfahrung,
Selbsterkenntnis: Das bin ich!
Dann, im Laufe der Bejahrung,
fügt erstaunlich vieles sich.

Tja, und das war dann mal wieder so eine Geschichte. Eine Geschichte für viele Gedichte... Ich hätte sie auch ganz herauslassen können, aber sie gehören nun einmal mit zu meinem Leben...

VON DER UNGELEBTEN LIEBE

Vielleicht ist es ja wirklich schön,
den Traummann kaum jemals zu sehn,
dann nervt er nicht, noch macht er Streit –
die Liebe lebt, der Mann ist weit...

Es scheint verwegen der Gedanke,
dass Liebe sich am schönsten ranke
um etwas, dem das schnöde Leben
verwehrt, Realität zu geben.

Und doch ist Liebe, so versteckt,
oftmals ein glückliches Konzept,
selbst dann, wenn, was es häufig gibt,
nur eine(r) von den beiden liebt.

Kaum fällt es dabei ins Gewicht:
Die eine kennt den andern nicht,
und nur der andre weiß genau,
was drin und dran ist an der Frau.

Da liegt gar der Gedanke nah,
dass das der Grund zur Liebe war,
beziehungsweise umgekehrt:
Denn zu viel Wissen auch beschwert...

So bleibt, wenn die Alltäglichkeiten
des Lebens keinen Frust bereiten
die ungelebte Liebe jung -
und Traum und Fantasie in Schwung!

GEDICHTET

Da kommt nun schon seit manchem Jahr
voll Wohlklang durch den Äther
schier zahllos der Gedichte Schar,
mal früher und mal später.

Kaum gibt es was, das nicht bedacht
bisher im Themenkreise,
und meistens ist's recht gut gemacht,
oft ernst und manchmal weise.

Den Rhythmus hat sie wirklich drauf,
es klappert nur sehr selten,
die Poesie nimmt ihren Lauf,
da ist nichts dran zu schelten.

Allein, wer hat schon so viel Zeit,
sich dichtend zu erheben?
Der meisten Menschen Freud und Leid
ist Arbeit nur im Leben!

Du lieber Freund, das weiß ich schon,
mein Dank sei's aus der Ferne:
Denkst du an mich, ist das mein Lohn -
auch tu ich's wirklich gerne!

ZWEI KÖNIGSKINDER

Es waren zwei Königskinder,
die hatten einander sehr lieb.
Sie waren zwei kühne Erfinder
von Worten, die man sich schrieb.

Sie wünschten einander zu sehen,
auch wenn die Vernunft beide rief,
doch konnten sie so weit nicht gehen,
das Wasser war viel zu tief.

So übten sie sich im Scheitern,
und einzig, was ihnen blieb
und konnte sie immer erheitern,
war das, was der andere schrieb.

VERBINDUNGEN

Sie sah ihn selten, meist nur aus der Ferne,
und war doch innerlich fast immer da.
Sie waren wie am Firmament zwei Sterne,
unendlich weit entfernt und dabei nah.

Was ihr Musik, war ihm Gedankenstärke,
ihr Melodien, ihm die Wissenschaft.
Sie liebte großer Geister große Werke,
er traute mehr als andern eigner Kraft.

Und doch gab manches es das diese beiden
verband wie Wind der Welle, Ball dem Tor:
Die Lust am Leben und ein daran Leiden
und neben vielem mehr - auch der Humor.

DEIN HIMMEL

Ich würde gern in deinen Himmel gehn,
versinken in dem Blau des nicht gegebenen
und doch geträumt verstandenen Versprechens,
die Wahrheit hinter allen Wirren sehn.

Ich weiß, dein Himmel ist nicht blau, verzeih,
wie sollte er es auch, nach so viel Leben,
das drüber hingezogen ist, und Sorgen
doch dieses Grau, es wär' mir einerlei.

Auch meinen Himmel kannst du nicht mehr sehn,
seit Langem spür ich ihn wie einen Wind,
mal kräftig rauschend, dann kaum hörbar wehn.
Ich würde gern in deinen Himmel gehn.

BAHNEN

Und ist es so, dass unsre Bahnen
sich eines Tages sacht berührten,
und sternendunkel wuchs ein Ahnen,
in dem wir leis' den andern spürten,

dass liebend wir trotz großer Ferne
uns gegenseitig Nähe schenken,
wie in der klaren Nacht die Sterne
Ruh' und Vertrauen zur Erde lenken,

und weitertragen manche Schritte,
die jeder in sich gehen muss,
dass leiten kann in unsre Mitte
bisweilen auch ein zarter Kuss?

DAS SCHWEIGEN

Wie gewaltig ist das Schweigen.
Wie bedrückend, wenn das Wort
nur noch im Gedichtereigen
zaghaft findet seinen Ort.

Gerne wollt' es ungehindert
suchen des Geliebten Ohr.
Doch kein offen Sprechen lindert,
weil nichts wäre wie zuvor.

Und dem Herzen stehn entgegen
die Gesetze und die Pflicht,
drum erwächst auf diesen Wegen
mancher Schmerz - und manch Gedicht.

ABSCHIED

Kannst du Abschied nehmen,
wenn du ihm nie begegnet bist?
Ist das wie
Blumen pflücken am Strand,

oder Muscheln suchen auf dem Feld?
Warum trauerst du,
und die Wolken hängen so tief?

Geh doch nach Blumen suchen,
wo du sie finden kannst.
Und nach Muscheln.
Die schenkt das Meer.
Es ist dort, wo der Himmel die Erde küsst.
Und es wird dort noch sehr lange sein.

Keine Panik! Jetzt wird es erst einmal wieder etwas vernünftiger…

GEDANKEN ZUR LIEBE

In der Liebe leben
wie in einem weiten Gewand
das vor Kälte und Regen schützt
und vor der sengenden Glut der Sonne,
das uns umhüllt, aber nicht beengt,
und das du aufspannen kannst wie ein Zelt für alle jene,
die ihr Gewand verloren haben.

In die Liebe zurückfinden
wie das Schiff in den sicheren Hafen,
wie der Vogel, der sich nach langem Flug
auf seinem angestammten Horst niederlässt,
oder wie das Kind, das zur Mutter heimkommt.

Die Liebe hindurchtragen
wie ein kostbares Geschmeide,
in dem sich der Himmel spiegelt, wenn die Sonne scheint,
und das dich beschwert,
willst du nach Schmetterlingen jagen,
wie der Wanderer seine Bergstiefel,
in denen die Füße schon schmerzen
bevor noch der Gipfel erreicht ist,
oder wie Christophorus,
der den Herrn durch die Fluten trug.

Die Liebe ist der allumspannende Mantel,
die Nahrung, die uns ernährt und erhält,
die Heimat unserer Seelen,
ihr Ursprung und ihr Ziel.

Sie zu finden ist Seligkeit,
in ihr zu leben menschlich
insofern wir göttlichen Ursprungs sind,
doch die Kraft zu haben, sie treu hindurchzutragen
durch die vielfältigen Landschaften unseres Lebens,
das ist Gnade.

...naja, zumindest kurz, denn alles hat natürlich seine Folgen...

EIFERSUCHT

Er fragt, denkst du noch immer oft an ihn?
Und ist bemüht, die Antwort zu ertragen.
Ich seh' am Himmel weiße Wolken ziehn
und wünschte nur, er ließe diese Fragen.

Er träumte, dass in deinem Arm ich lag,
in zarter, inniger Verbundenheit.
Die Vögel kündeten den neuen Tag,
zum Fragen blieb ihm diesmal keine Zeit.

Wie kann ein Mensch, der selten in sich ruht,
in diesem Fall so intensiv es spüren?
Es sind nicht die Gedanken, die die Glut
seit langer Zeit aufs Neue immer schüren.

Vielmehr lebst längst in meinem Umkreis du,
auch wenn nur wenig Male wir uns trafen,
und niemand kann da wirklich was dazu,
so wenig wie für Träume, wenn wir schlafen.

LIED EINER EIGENWILLIGEN

Wisst ihr, ich gehöre Keinem!
Das sei endlich mal gesagt.
Ich gehöre auch nicht Einem,
nur, falls das noch jemand fragt.

Warum sollt' ich mich denn quälen,
ist mein Herz nun einmal weit,
und warum die Küsse zählen,
die zu geben ich bereit?

Liebe, rätselhaft mag's scheinen,
die für jeden ein Genuss,
soll beschränkt sein nur auf Einen?
Sie gibt es im Überfluss!

Niemanden will ich verletzen,
sprecht mir bloß nicht von Betrug!
Konvention mag sich entsetzen -
sind wir uns nicht selbst genug?

Dieses sollte jeder wissen:
Hundertfach kommt es zurück,
jedes Sehnen, jedes Küssen
schmälert niemals Liebesglück!

EIN WORT ZUR LIEBE

Gern würde ich ein Wort zur Liebe sagen,
ich sitze gut: auf einer weißen Bank,
und kann auch übers Wetter heut' nicht klagen,
scheint doch die Sonne endlich, Gott sei Dank!

Gewiss, die Liebe wurde oft besungen
vermutlich ist kein Wort zur Liebe neu,
gelebt, gedacht, gefühlt, geschwärmt, gerungen,
wie dem auch sei, ich bleibe doch dabei:

Mir scheint es wichtig, immer zu betonen,
dass Liebe wie ein bunter Vogel sei.
Mal wird er dich mit dem Gesang belohnen,
dann breitet er die Schwingen - er ist frei!

Und willst du zähmen ihn, wohl gar erfassen,
und halten ihn an deinem Lieblingsfleck,
behältst du höchstens nachher einen nassen
und übel-riechenden Klecks Vogeldreck.

Nein, besser ist es, du übst selber Singen,
ein Lied von jenem Vogel und vom Glück.
Wenn er es vorzieht, dann davon zu springen,
singst du dein Lied - vielleicht kommt er zurück?

UM DIE FÜNFZIG

Nun, wo die fünfzig Jahre voll
und auf dem Kopf manch' graues Haar,
sieht Frau, was anders werden soll
in Zukunft, als es früher war.

Die erste Ehe ist vorbei,
beruflich sind wir etabliert,
schon lang vergessen das Geschrei,
das uns als Eltern definiert.

Längst haben wir uns neu liiert,
vielleicht mit Vorsicht und Vertrag?
(Damit uns nicht nochmal passiert,
was ohnehin am andern lag.)

Doch ist Frau wiederum nicht froh,
auch dieses Mal lief's nicht so doll.
Sind denn am Ende alle so,
und nur die auf der Leinwand toll?

Was mach' ich mit dem Ehschein?
(Auch die Beratung war schon dran).
Doch hilft es nichts, es soll nicht sein –
Weg mit den Krisen und dem Mann!

Vielleicht bringt's auch ein neuer Ort,
möglichst entfernt von dem bisher?
Dann ist nicht nur der Mann weit fort,
auch andres stört fast gar nicht mehr...

Es klingt ein wenig überspitzt
Und passt vielleicht für manche doch.
Pfeif auf die Konvention, wenn's nützt,
nur pfeif nicht auf dem letzten Loch!

LEBENSSINN

Es ist das eigene Bemühen,
die Frage nach des Lebens Sinn,
das mutig-heilige Erglühen,
das hilft zu werden, wer ich bin.

Dafür gilt es, den Raum zu finden,
den Herzensraum, wie er wohl heißt,
und sich mit allem zu verbinden,
denn alles hier ist Eins im Geist.

Vergiss die Sorge zu versagen,
Vergleiche führen nicht zum Ziel -
dein Lieben in die Welt zu tragen
mit Güte und Humor ist viel!

Und sollte dies an manchen Tagen
nicht möglich sein, bleib wohlgemut,
denn eigenes Jammern oder Klagen
tut - wohldosiert - auch andren gut.

HEIMAT UND GLÜCK

Zeig mir den Ort, der deinem Leben tauge,
zeig mir die Menschen, wenn sie glücklich sind.
Schafft diese Welt nicht stets ein weinend Auge,
zieht Glück vorüber nicht, schnell wie der Wind?

Wer Phantasie hat, mag nach Sternen greifen,
wes Herz am Leben blieb, sieht wie ein Kind.
Voll Sehnsucht mag dein Geist in Fernen schweifen –
lass den Verstand daheim, denn der macht blind.

Ein Herz, das ausgebildet ist, zu sehen,
ein Auge, welches stets die Schönheit fühlt,
zwei Füße, um im Hier und Jetzt zu stehen,
ein Geist, der wach nach dem Dahinter zielt,

Mehr braucht es nicht, um nah des Glücks zu wandeln,
pflücke dir hier einen bunten Blumenstrauß,
von dem lass inspirieren dich, dein Handeln,
dann bist du auf der ganzen Welt zu Haus.

AM SEE

Wo, wenn Nebelschleier weichen,
und die Nacht sich löst vom Grunde,
Berge bis zum Wasser reichen,
rötlich strahlend zu der Stunde,

sich wie Majestäten messen,
bald vom Lichte übergossen,
und im See, der selbstvergessen,
sich bespiegeln unverdrossen,

Wo sich Näheres mit Fernen
sehnsuchtsvoll zum Bild versöhnen
und der Himmel nachts voll Sternen,
wächst die Seele an dem Schönen.

BERGWANDERUNG

Wanderschritte still, bedächtig,
Sonnenflecke, dunkles Grün.
Fichtenstämme, hoch und mächtig,
Klee und Buschwindröschen blühn.

Langsam steigen, hoch und höher,
sieh, der Wald bleibt schon zurück,
Krüppelkiefern rücken näher,
Fels verbirgt das letzte Stück.

Werden diese bald auch weichen
wendet Sonne schon den Lauf.
Hohen Gipfel zu erreichen
trag nur wenig mit hinauf!

Weiter gehen deine Blicke,
ausgebreitet liegt das Land.
In des Augenblickes Glücke
ahnst du eines Schöpfers Hand.

Schmalen Pfad geht es nun nieder,
vorsichtig und doch beschwingt.
Zwar ermüdet sind die Glieder,
doch dein Geist fühlt sich verjüngt.

WETTERLEUCHTEN

Eingewebt in dichtes Grün
farbenfrohe Arten.
Gelb und blau viel Lilien blühn,
wie im schönsten Garten.

Wetterleuchten über'm See,
Herz und Atem brennen,
den Gedanken folgt ein Weh,
könnt' es nicht benennen.

Rätselhaft erscheint die Zeit,
aufgelöst die Stunden.
Beiden Seiten, Freud und Leid,
bin ich eng verbunden.

Und so beginnt wieder ein neues Leben...

Eigentlich wunderbar, wenn schon ein einziges Leben ausreicht für so viele unterschiedliche Geschichten...

„Beginne jeden Tag mit dem Gefühl der Dankbarkeit für dein Leben und beende ihn so, als wäre es dein letzter gewesen."

Haben so nicht schon unsere Großmütter geraten? Mir scheint, da ist viel Wahres dran.

Und trotzdem wird so ein Schritt ins Unbekannte natürlich oft auch von Ängsten und Sorgen begleitet...

WAGNIS

Noch bricht der Damm nicht ein, der viele Tage
und Wochen sorgte, dass ein See entstand,
der tief und dunkel wie aus alter Sage
geheimnisvoll veränderte das Land.

Noch steht der Eschenstamm hoch und gerade,
am Hang, der steil bergauf geht - oder fällt,
dort an dem schmalen, unwegsamen Pfade
auf kargem Boden, der nur wenig hält.

Noch ist der Himmel blau, kein Sturm und Regen
gefährden jenen Rohbau auf dem Berg,
noch liegt darauf des Neubeginnes Segen,
noch steht das kürzlich erst begonnene Werk.

Was aber, wenn die Fluten talwärts schießen,
der Eschenbaum sich nicht mehr halten kann?
Was, wenn sich dunkle Wolken schwer ergießen,
das Haus zusammenstürzt - was wird denn dann?

Im Abendlicht der jüngst verstrichenen Tage
versuchten Angst und Sorge schon ihr Glück.
Doch wie gewinnen, wenn ich es nicht wage?
Die beiden Gäste weise ich zurück!

MUTMACH-GEDICHT

Lebensträume neu entdecken,
Abenteuerlust erwecken,
ausgeruht die Glieder Strecken
in der Hand den Wanderstecken.

Ist auch manchmal ein Erschrecken
und verzagtes Wundenlecken,
fehlen dir vielleicht die Decken,
und der Vollmond will dich necken,

geht der Mond auch wieder unter,
und die Welt wird hell und bunter,
der Entdeckergeist wird munter,
Wehmutstränen schluckst du runter!

Wohnt dem Anfang Zauber inne?
Schon, doch sagen mir die Sinne,
liegt auch Schmerzvolles darinne:
Erst nimm' Abschied, dann beginne!

Lieber keine halben Sachen,
hab' nicht Angst vorm Fehler machen!
Eines Tages beim Erwachen
kannst du über alles lachen!

Lebensträume neu entdecken
heißt, sich wieder Ziele stecken,
nicht vorm eignen Mut erschrecken,
auch was bitter ist, kann schmecken!

...und dann das! Die größten Geschenke des Lebens erhält man zu-
meist dann, wenn man gar nicht damit rechnet, ist es nicht so?

ERSTAUNEN

Wie könnte ich es nennen,
was mir bei dir passiert'?
Kein hitziges Entbrennen,
wodurch man sich verliert,

Kein Flattern und kein Beben,
kein hilfloses Vergehn -
Es ist vielmehr das Leben,
ein langsames Verstehn.

Es hing an einem Baume
dereinst ein kostbar Ding,
mir schien in manchem Traume
als sei's ein goldener Ring.

So sehr der Baum auch schwankte,
das Ringlein, es blieb dran,
oft mich nach ihm verlangte,
doch kam ich nicht heran.

Da löst' es sich vom Zweige
und fiel in meine Hand.
Ich staune noch und schweige,
betracht' es unverwandt.

Das Herz geht oft mir über,
wird warm und groß und weit.
Erfahren darf ich, Lieber,
Glück und Verbundenheit.

DEIN

Im Abendlicht nach einem heißen Tage,
die Sonne leuchtete in goldenem Schein,
da stellte ich unhörbar dir die Frage,
wer ich denn sei, wenn nicht die Liebste *dein*?

Und zärtlich spürte ich dich drauf erwidern,
dass ich ein Licht in deinem Herzen bin,
in dem verborgen, wie in alten Liedern,
dir leuchtet ein geheimnisvoller Sinn.

Betroffen von dem Ernst in deinen Sätzen
schmiegte noch fester ich mich an dein Herz.
Du lässt mich frei, das weiß ich wohl zu schätzen,
doch ist ein *Dein* für mich mehr Lust als Schmerz.

Die Nacht zog auf und mit ihr tausend Sterne,
und ihren Frieden atmete ich ein.
Ich fühle frei mich und bin dennoch gerne
in den Gedanken und in meiner Liebe *dein*.

WAS ICH LIEBE

Ich liebe die Schönheit.
Die Schönheit deiner Hände
wenn du, wie von ungefähr,
etwas berührst,
um es kennen zu lernen
und um es besser zu verstehen
so wie es ist,
und dabei doch ohne Absicht
und so, als würdest du kaum wissen,
was du berührst.
Es liegt Vertrautes darin
und Wertschätzung
und ein Glaube,
der das Mögliche wirklich werden lässt
und das Berührte schön.

Ich liebe die Sanftmut.
Die Sanftmut deiner Augen,
wenn sie voller Anteilnahme
eine Weile auf mir ruhen
und mir sagen,
dass es ein Ewiges gibt
in jedem Augenblick
und einen Himmel,
der alles erkennt
und verzeiht,

weil er grenzenlos ist
und so wirklich und tiefblau,
wie die Blüten des Enzians auf einer Bergwiese,
oder wie der Ozean, der alles Harte und Kantige umspült,
bis es sich glatt und weich anfühlt,
und welcher alles Feste lange überdauern wird.

Ich liebe die Güte.
Die Güte deines Herzens,
das so groß ist,
dass es alles zu umfangen scheint
und mehr weiß,
als in Büchern geschrieben steht,
und deine Gedanken dich glauben lassen,
die immer begrenzt sind vom Erlernten
und nicht heranreichen an Erahntes und Empfundenes.
Es ist dein Herz,
das durch deine Hände erkennen will
und durch deine Augen
den ewigen und tiefblauen Himmel
im Hier und Jetzt aufleuchten lässt.

UNTERWEGS

Wo bin ich?
Zwischen den Bäumen am Fluss,
da, wo es kühl ist und rutschig,
wo totes Holz unter den Füßen knackt,
und der Eisvogel sich zwischen den Blättern versteckt?
Oder bin ich da,
wo Menschen lachend aufeinandertreffen,
ihre lang einstudierten Rituale unter goldenen Kronleuch-
tern feiern
und sich mit vielen Worten wenig zu sagen haben?
Ich bin da und doch nicht da,
dort und wiederum nicht dort,
bin Teil einer Gemeinschaft,
die alle verbindet und alles trennt,
darf ein Teil deines Lebens sein,
und bin Teil jener Einsamkeit,
deren Merkmal
die Allgegenwärtigkeit ist,
und die nur bisweilen quält.

Jeder geht seinen Weg,
lebt seine Form der Freiheit,
hat seine Grenzen
und seine Unbestimmbarkeiten.
Jeder lebt seine Geschichte.

Wo findet Berühren statt,
und wo Begegnen?

Im Erinnern von besonderen Momenten
oder in den Plänen für eine Zukunft?
Am Morgen, wenn die Amsel vor dem geöffneten Fenster
singt,
oder abends, wenn die Wärme zwischen den Körpern
ein Gefühl der Geborgenheit schenkt,
das beinahe unwirklich erscheint
in einer von Sorgen verdunkelten Gegenwart?

Was wird Teil meiner Geschichte sein
oder ist es bereits seit Langem?
Ich werde den Weg weiter gehen
über Brücken,
unter umgefallenen Stämmen hervor,
über Hügel, wo der Wind zerrissene Wolken jagt,
und durch ausgetrocknete Flussbetten.
Hin zu einer Gegenwart und Gemeinschaft,
die mein Wesen berührt, wie du mich jetzt bisweilen zu
berühren vermagst,
wenn wir dem Fluss der Zeit für einen Moment Einhalt
gebieten,
um gemeinsam in die Sonne zu blinzeln.

Ich danke dir.

DAS STETIGE TROPFEN

Das stetige Tropfen des Lebens,
nur für Momente angehalten,
wenn ich in deinen Armen liege
und Ewigkeit atme,
in innerer Einkehr
der Zeit ein Schnippchen schlage,
oder Schönheit betrachte,
die mich überall umgibt.
Ein leises Hintergrundgeräusch,
oft ausgeblendet und überlagert
von Wachheit fordernden Tagen,
verdrängt von der Angst,
auf wankendem Boden zu stehen,
und doch immer weiter tropfend,
dem großen Wasser entgegen,
das alles Lebendige empfängt,
es verwandelt und aufbereitet,
großzügig und freigiebig ist,
klar bis zum Grund,
kühl und sicher nicht sentimental.
Wohin aber mit den Momenten
unserer Ewigkeit?
Sie werden verwehen wie Asche im Wind.
Doch Du bleibst und Ich.

Achtung, nun wird's transzendent! Aber das gehört doch eigentlich ohnehin immer mit zum Leben, oder etwa nicht? Möglicherweise war es das auch bereits in vorigen Gedichten an der einen oder anderen Stelle? Keine Ahnung.

Das Mitdenken und Mitgehen ist hier wie überhaupt immer reine Geschmackssache. In diesem Sinne:

GESETZT

Gesetzt, das Sichtbare wäre nur Teil,
Teil eines Größeren, das unsichtbar,
so wie im Ziel nur da ein zitternd Pfeil,
wo vorher eines Geistes Wille war.

Gesetzt, das Sichtbare wär' festes Land,
vom Unsichtbaren wassergleich umringt,
beziehungsweise sei's wie ein Gewand
für Geistiges, das alles ganz durchdringt.

Gesetzt, es wär' die Welt erfüllt mit Sinn,
voll Weisheit wären Stein, Gewächs und Tier,
in allem Sichtbaren wär' Geist darin,
gesetzt, in dem Bewusstsein lebten wir,

Es würde diese Welt zum Jubelstern,
und Menschen würden Gotteskind genannt.
Doch war's ja nur gesetzt und liegt so fern
in dieser Zeit, soweit wie mir bekannt.

ENGEL

Wir sind in eurer Schuld, ihr Unsichtbaren,
von früh bis spät gebt ihr uns das Geleit
und schützt uns, kaum bemerkt, vor den Gefahren,
die ihr bedingungslose Liebe seid.

Ist auch bei uns oft mehr nicht als ein Ahnen,
Erinnerung aus früher Kinderzeit,
sind unbeirrbar zugewandt die Bahnen,
die ihr, die Freiheit achtend, uns geweiht.

Es ist ein heilig-dankbares Erschauern,
wenn eine Spur von euch sich uns gezeigt,
und brüchiger, so scheint es, werden Mauern,
auch wenn die Stille euer - und ihr schweigt.

Die Zeit wird kommen und ist nicht mehr ferne,
dass sich der dünne Schleier wirklich hebt,
und wir die Mitwelt und das Reich der Sterne
erkennen können, wie ihr darin webt.

MEIN ENGEL

Engel spricht zu mir aus Seelentiefen:
Gehe deinen Weg mit offenem Herzen,
das im Geiste gründet
und mit wachen Sinnen,
den Toren deiner Seele in die Welt.
Ich bin bei dir.
Du wirst mich sprechen hören
als Stimme deines Gewissens
und mich wahrnehmen können
in deiner Liebe,
mit der du aller Kreatur achtsam begegnest,
sie wahrnimmst und ehrst,
weil du sie eingebettet weißt
in den ewigen, göttlich-geistigen Weltenstrom.

Das Folgende bezieht sich auf ein tatsächlich stattgefundenes Gespräch mit einem ziemlich aufgeweckten Kind:

GESPRÄCH

Warum, so fragst du, werden wir geboren,
wenngleich wir doch nach abgemessener Zeit
und nicht gefragt, ob wir dazu bereit,
dem Leben gehen wiederum verloren,
uns zu verbinden mit der Ewigkeit?

Mein liebes Kind, dazu wär viel zu sagen,
auch wenn hier unser Denken scheitern wird.
Entwickelt sich der Mensch, auch wenn er irrt,
ist wertvoll alles Suchen, alles Fragen,
so will ich gerne eine Antwort wagen.

Vielleicht ist dieses Leben zu vergleichen
wie oft geschehn, einem Theaterstück,
und wer in die Kulisse tritt zurück,
erwartet vom Souffleur das nächste Zeichen,
die Bühne alsbald wieder zu erreichen.

Du weißt vielleicht nicht, was ich damit meine?
Es spricht für mich nicht weniges dafür,
dass, nutzend jeweils eine andere Tür,
ich immer wieder auf der Welt erscheine,
was ich mal deutlich, mal sehr sachte spür'.

Doch was dazwischen? Das ist schwer zu sagen.
Am ehesten sind vielleicht die bereit,
die unfreiwillig eine kurze Zeit
im Jenseits waren, wenn auch noch nicht weit.
Sie magst du weiter nach dem Orte fragen.

... und wenn wir nun schon mal dabei sind...

ERDENLEBEN

Es sind vielleicht die trüben Stunden,
in denen scheinbar fern das Glück,
wo aus uns unbekannten Wunden
ein alter Schmerz kehrt jäh zurück.

Sodann vergehen viele Tage,
die Zeit verrinnt, ein Bild entsteht,
die Burg am See aus alter Sage -
ein Herrscher wird Realität.

Mal bist du Opfer und mal Täter,
dem großen Herrn, der Menschen quält,
folgt die Gequälte Zeiten später:
Der Ausgleich immer wird gewählt.

Auch Menschen scheinen bald wie Zeichen
aus einer alten, goldenen Schrift.
Um, was geschehen, auszugleichen,
man sich auf Erden wieder trifft.

Was taugen uns die Erdenleben,
wie weit sind wir vom Ziel entfernt?
In Freiheit allem Liebe geben,
ist es wohl, was die Seele lernt.

*Auch könnten wir diesen Freund ab und zu etwas mehr in den Blick
nehmen:*

DER DOPPELGÄNGER

Er ist wie Nebelschwaden zwischen Bäumen,
ist wie die Dämmerung, das Ungefähr,
ist wie der fade Beigeschmack von Träumen,
das Haltlose, was doch zu halten wär'.

Ist in dem Nichtgesagten, dem Dazwischen,
dem nicht Erkannten, dessen Wirkung groß,
in dem Begrenzten, und auch im Verwischen,
im Nichts, wodurch nachher die Hölle los.

Er ist das Unerlöste, dumpf Geahnte,
was nur durch Selbsterkenntnis wird geheilt,
zu der Apoll am Tempel den gemahnte,
der ins antike Delphi war geeilt.

Nicht wahrgenommen, doch gepflegt von allen,
privat, in Politik und Wissenschaft,
die Eitelkeiten, großes Selbstgefallen,
wer kennt es nicht? Es steigert seine Kraft.

Die Leben lebt er, lässt sich doch kaum fassen,
erst die Romantik schien zu kennen ihn.
Bevor wir Sterben, muss er uns verlassen
und eine Zeit alleine weiterziehen.

Nur selten können ahnen wir den Schatten,
der sich dem Wissen jeder Zeit entwand.
Der beste Spiegel zwischen Ehegatten,
wird Doppelgänger er auch heut' genannt.

Mit unsrem Schicksal ist er eng verbunden,
gewinnt durch uns an Macht und Wirksamkeit,
was wir in uns erlösen und gesunden,
auch jenen löst und ihn und uns befreit.

In meinem letzten Gedichtbändchen steht ein Gedicht zur Kathed-
rale von Köln. In diesem nun soll mein Besuch der Kathedrale von
Chartres aus diesem Jahr seinen Niederschlag finden, deren Laby-
rinth auch das Cover schmückt:

DIE KATHEDRALE VON CHARTRES

-

Herzendenken, Sinnen, Wachen,
Weisheitsschatz und höchstes Streben,
Hände, die aus Steinen machen,
was im Geist ersteht zum Leben.

Welch' geheimnisvolles Walten
an uraltem heiligem Orte.
Welche Fülle der Gestalten,
welche Kraft im Bilderworte.

Schöne du, so lass mich fragen,
wird mein Herz den Anblick fassen?
Kann die Seele dich ertragen,
wie wirst du mich ziehen lassen?

Deine Höhe, deine Breite,
lichtdurchflutet, farbenprächtig,
aus der Tiefe in die Weite,
Kraftquell, ordnend, klar und mächtig!

Und nun ein Text, der sich auf eine ganz andere Weltgegend und eine andere Kulturepoche bezieht und während einer Studienreise nach Kleinasien entstand. Ich habe hier das Versmaß der Odyssee, den Hexameter gewählt, weil das dem Archaischen dieses Bildes am ehesten gerecht wird, wie ich finde.

GESPRÄCH EINES MYSTERIENSCHÜLERS MIT DER ARTEMIS VON EPHESUS

Gehe den Weg des Vergehens,
um zur Geburt zu gelangen.
Niemand kommt ohne die Mutter
zum Verständnis von Himmel und Erde.

Lebenspendende Macht,
die du in den Pflanzen, der Erde,
dem Tierreich und himmlischen Tau
den Menschen die Grundlage schenkst
zu Erlangen die Weisheit vom Werden

Nimm mich Suchenden auf
in deinen urquellenden Schoß,
auf dass ich geschützt und geläutert
durch deine verjüngenden Kräfte
des Lebens Prüfungen alle
gestärkt und verwandelt bestehe.

Nimmer verlasse ich dich,
nicht konntest du ahnen, noch sehen.
Schaue die Sonne durch mich,
zu erlangen die Weisheit des Kosmos,
die aus urschaffenden Welten
und des Christus verwandelndem Lichte
Heilung den Menschen bringe.

MYSTERIEN

Da, wo Meer und Himmel sich durchdringen,
Wissenschaft und Kunst zusammenklingen,
wo mit hellem Geist und Worten streiten
Philosophen, die zum Sport anleiten,

wo durch Säulen man zum Tempel schreitet
und das Opfer seinem Gott bereitet,
Seine Gunst für Künftiges zu finden,
dessen Ausgang Priesterinnen künden.

Hier an öffentlich geheimem Orte
klopfen Seelen an die Götterpforte.
Priester übernehmen die Belehrung,
hinter allem Lernen steht Verehrung.

Ist der heilige Moment gekommen,
wird der Schleier dir vom Haupt genommen,
und du schaust um dich, den Punkt, den Kleinen,
grenzenlos Vollkommenes erscheinen.

Doch der ganze Umraum und das Kleine
sind in Wirklichkeit dasselbe, Eine.
Einsamkeit durchdringt ein Geisterweben,
und der Tod, der ist zugleich das Leben.

Weiter will ich nichts dazu mehr sagen.
Doch als heute es begann zu tagen
war gewaltig dieses mein Erleben
und so will ich gern es weitergeben.

Nun aber schnell wieder zurück zu etwas profaneren Bereichen des Lebens! Von der folgenden Geschichte hörte ich mal im Radio, und irgendwie hat sie mich sehr berührt:

DIE RENTNERIN

Sie sagt, ach was, sie ist nicht arm!
Ein Zimmer, Kleider, sie hat's warm,
sie hat zu essen, einen Katz,
der sitzt auf ihrem Lieblingsplatz.

„Wer hier im Land von Armut spricht
kennt echte Armut meistens nicht.
Es braucht nur einiges Geschick,
Erfahrung und ein bisschen Glück.

Ihr heute seid viel ärmer dran!"
sagt sie, und schaut mich lange an.
„Der Krieg hat vieles mich gelehrt,
die Anspruchshaltung ist verkehrt."

Wovon sie träume, frage ich,
sie überlegt, ja, sicherlich,
sie hätte gerne mehr gestört,
vielleicht im Fernsehn, dass man's hört.

Der Kater, der voll Eleganz
daneben liegt, zuckt mit dem Schwanz.
Auch er scheint satt und aufgeräumt -
mag sein, dass er von Mäusen träumt.

BEDARF

Weniges bedarf's zum Leben:
Wein, Weib, Villa? Was, wofür?
Allzu oft schließt unser Streben
fester zu die Herzenstür.

Besser wär's, die Tür zu weiten,
recht energisch, doch auch sacht,
denn drin steht auf goldenen Seiten
was uns wirklich glücklich macht:

‚Freundschaft', ‚Liebe', solche Titel,
‚Wohlergehen', ‚Sicherheit',
das sind wohl die Hauptkapitel,
für die meisten heut auch ‚Zeit'.

Kleiner, doch genauso wichtig,
steht ‚ein Lächeln', ‚eine Hand',
und ‚ein Wort', das wahr und richtig
mich zum rechten Zeitpunkt fand.

Alle finden was zu lesen,
die zum Staunen sind bereit,
und selbst wenn's nur klein gewesen,
lindert es Bedürftigkeit.

LIED EINER STERBENDEN

Seltsam und erschreckend ist, zu gehen!
Sagte ich euch je, dass ich euch liebe?
werden wir uns einstmals wiedersehen?
Gibt es etwas, das euch von mir bliebe?

Herzlich will ich um Vergebung bitten,
wo durch mich ein Unrecht ist geschehen.
Haben andere durch mich gelitten,
und verzeihen nicht, kann ich nicht gehen.

Diese Angst, Vertrautes zu verlassen -
Oder ist's ein großes Abenteuer...?
Weniges nur noch die Sinne fassen,
und was kommen wird verbirgt ein Schleier.

Was, o Herr, hilft mir in diesen Stunden?
Wo sind Zuversicht und Mut geblieben?
Herz, du weißt, dass du den Weg gefunden,
folge deinem Stern und deinen Lieben.

LIED EINER HEILIGEN

War es ein Engel, der mich heut berührte?
Und wenn es einer war, was wollte er?
Es war wie eine Welle, die ich spürte,
wie eine Welle, mächtig wie das Meer.

Wo kommt sie her, und wohin zieht sie weiter?
Ein Augenblick, der ohne Raum und Zeit.
In höchstem Maß bewegt, nicht ernst, noch heiter,
nicht fokussiert und eng, nur sehr, sehr weit.

Es ist mir so, als müsste ich ihn hören,
allein, anscheinend fehlt noch das Organ.
Ich sollte mich daran vielleicht nicht stören,
doch bleibt die Frage, was ist hier der Plan?

Ganz plötzlich war da die Erregung heute,
und nein, es war dies nicht zum ersten Mal.
Was immer das Erlebnis auch bedeute,
es ist verwirrend und nicht meine Wahl!

Denn mühsam ist es, sich heraus zu kämpfen,
und wieder anzukommen in der Zeit.
Das starke Fühlen wieder abzudämpfen
für diese Welt und ihre Endlichkeit.

Mein Herz steht stets euch Himmelsmächten offen,
ich bin bereit, ein Werkzeug euch zu sein.
Doch wäre froh ich und will es gar hoffen,
ihr weiht bei Zeiten mich in eure Pläne ein!

GESCHWISTERLICHKEIT

Wieder steht ein Türchen offen,
und ein kühler Luftzug streift
diese Seele - bleibt zu hoffen,
dass sie nicht die Flucht ergreift.

Allzu schreckhaft, dieses Wesen,
diese Seele, rasch erregt,
ist es oft schon so gewesen,
dass sie sich davonbewegt.

Ob ein Film, eine Erzählung,
schon Geringes kann mit Wucht
und mit Fantasie-Vermählung
Seele schlagen in die Flucht.

Wieder heißt's, sie einzufangen,
sie zu pflegen mit dem Ziel,
dass ihr Mitfühlen und -bangen
setzt Gesundheit nicht aufs Spiel.

Wenn, was andere erleiden,
trifft erschaudernd Kopf und Herz,
ist es Zeit, sich abzuscheiden
von der Welt und ihrem Schmerz.

Möglich, dass in fernen Tagen
dies der Menschheit Fortschritt bringt:
Dass der Anderen Angst und Klagen
tief ins eigene Herz eindringt.

Wenn ich anderer Kummer leide:
deinen Schmerz fühle auch ich! -
bringt es Frieden uns und Freude,
Mensch wird schwester-brüderlich.

Nicht ganz leicht heutzutage mit der Welt klarzukommen, wenn diese Überempfindlichkeit besteht, oftmals auch bezeichnet als Sensibilität (oder auch Hochsensibilität). Aber ich habe den Eindruck, dass es ein gesamtgesellschaftlich zunehmendes Phänomen ist, und das hat dann womöglich wiederum sein Gutes...

Immer wieder wichtig und eigentlich für alles sehr zentral ist es, sich Gedanken zum Herzen zu machen, zu seiner Beschaffenheit, seinen Möglichkeiten und vor allem seinen noch vielfach unbekannten und daher ungenutzten Fähigkeiten:

DAS HERZ

Seit Descartes und anderer Leute,
die die Wissenschaft fundiert,
scheint mechanisch vieles heute,
technisch machbar, hochversiert.

Herz, als Pumpe nun zu denken,
macht die Medizin modern,
und es hilft, sich zu beschränken,
nur ‚Reales' sieht man gern.

Anders war's für große Denker,
Aristoteles voran,
Herz war hier der Lebenslenker
und ein geistvolles Organ.

Wie die Sonne unser Leben
rhythmisch wechselnd dämpft und trägt,
kann es nur Gesundheit geben,
wo das Herz im Rhythmus schlägt.

Es ist Wahrnehmung im Ganzen,
liebt Musik in Dur und Moll,
ist lebendig und will tanzen,
aufmerksam und weisheitsvoll.

Zwischen Denken und Verdauen,
zwischen Kopf und Bauchorgan
ist es Ort von Urvertrauen,
Zentrum unserer Lebensbahn.

Ist selbst Ruhe und Bewegung,
sorgt im Körper, dass sich's regt,
schlägt und hält, in eigner Regung,
auch wenn Mensch zum Schlaf sich legt.

Für des Seelenlebens Wellen
bietet Boden es und Grund.
Hier ein Sinken, dort ein Schwellen,
hält es beides, ist's gesund.

In dem Herzen sich vereinen
Zukunft und Vergangenheit.
Rätselhaft mag dieses scheinen,
Ist das Herz ,Organ der Zeit'?

Weise konnten hier einst finden
das, was Geist und Körper paart:
Mit dem Schicksal sich verbinden
führt zur Geistesgegenwart.

Manches ließe sich noch sagen
von des Herzens Geist-Natur,
Vieles noch zusammentragen,
immer weist es diese Spur:

Wer das Große auch im Kleinen
sucht, sieht darin wiederum
Weltgesetzliches erscheinen -
Dies ist ein Mysterium.

Nun folgen einige Gedanken zum Zeitgeschehen:

GEGENWART IN ZEITEN VON CORONA

Ein Brennglas ist die Gegenwart,
recht alt die Signatur.
Bequem ist, wer sein Denken spart -
doch so ist die Natur.

Mit: divide et impera
die Menschheit wird verkohlt,
verblüffend nur, dass fern und nah
sich dieses wiederholt.

Ein Pessimist, wer dabei denkt:
Entwicklung? Nicht zu sehn.
Wer immer hier den Wagen lenkt,
es ist kein Vorwärtsgehn...

Es wär' zu schön, um wahr zu sein,
wenn wir besonnen dächten,
statt mit Experten-Heiligschein
die ‚Wahrheit' zu verfechten.

Dann kämen wir uns wieder nah,
maskiert oder wie immer,
und keiner teilt et impera,
und legt das Land in Trümmer.

Wie unschwer zu erkennen ist, stammen dieser und der nächste Text aus der Corona-Zeit. Ich denke, solange die Aufarbeitung noch nicht einmal begonnen hat, behalten sie wohl ihre Berechtigung...

EXPERTENDENKEN

Viele Gedanken sind schon gedacht,
Expertendenken ist Sport.
Zu viele Worte sind schon gemacht,
sinnlos davon manches Wort.

Angst zu verbreiten, ist eine Pest,
und billig ist's obendrein.
Materialismus gibt uns den Rest,
erschwert es, noch geistreich zu sein.

Es geht nicht ums Glauben, es geht um viel mehr,
verschroben nicht der, der selbst denkt!
Und selber zu denken ist auch nicht schwer,
nur alles zu glauben, beschränkt.

Mensch, du bist kostbar, wer immer du seist,
lebe die Freiheit - nicht Frust.
Nutze dein Denken, wach auf für den Geist,
werde dir seiner bewusst!

Das kann ohnehin nicht schaden, auch bei den Entwicklungen, um die es im Folgenden geht:

FORTSCHRITT

Viel haben Menschen schon erdacht,
und manches uns bequem gemacht.
Elektrisch Licht erhellt bei Nacht
die Welt dem, der auch spät noch wacht.

All das, was ehedem per Hand
zu tun war, schlechterdings verschwand.
Für Arbeit ob im Haus, im Land
mit Technik man die Lösung fand:

Wer wäscht, saugt oder schreibt heut' schon?
Ja, selbst das alte Telefon
erklärt der Greis dem Enkelsohn,
der installiert, was smart, zum Lohn.

Erfinder hatten die Ideen,
die uns das Leben machten schön:
Was arbeitsreich und schwer vordem,
ist heut' zu allermeist bequem.

Gefährlich sind Ideen dann,
wenn nicht bedacht, was man ersann,
weil ausgeführt wird, was man kann,
was böse endet irgendwann.

Der Beispiele sind viel genug:
Atomkraft, Klonschaf, andrer Spuk,
Was Fortschritt scheint, ist manchmal Trug –
nur mit Moral bleibt es auch klug.

Doch ach, wer hört schon gern ‚Moral'?
Das klingt verstaubt und nicht genial.
Doch menschheitsfördernd ist nun mal,
wenn nah Idee ist dem Ideal.

FORTSCHRITT UND ERDE

Erstaunliches kann bald erreichen
Transhumanismus und dergleichen:
Der Mensch wird quasi ferngelenkt,
das ist viel besser, als man denkt!

Denn schließlich ist es doch gewollt
(und überdies der Dollar rollt),
dass sich, wer lahm, wieder bewegt,
und sich im tauben Ohr was regt!

So klingt die treffliche Begründung
von Elon Musk für die Erfindung.
Und ziemlich viel man hier schon kann -
doch kommt der Chip ins Hirn - was dann?

Und außerdem, für Mutter Erde,
der Mars mal hergerichtet werde,
denn lange wird's hier nicht mehr gehen,
frühzeitig heißt's, sich umzusehen!

Ich gebe zu - und tu's nicht gerne,
für Reisen in die Welt der Sterne
fühl ich mich einfach nicht gemacht,
egal was Musk sich so gedacht.

Die Erde scheint mir eigentlich
ziemlich ideal für dich und mich,
insofern - und so will ich schließen -
kann Musk allein ins All sich schießen!

Eigentlich hätte ich diesen Namen lieber gar nicht erwähnt, aber der Text ist so vielleicht leichter verständlich...

ERDE UND WELTALL

Schon vieles wurde gesagt, auch zu mir,
von Lehrern, von Alten und Jungen,
doch seltsam verstörend, das sage ich dir,
hat manches in mir nachgeklungen.

Schon früh wird den Kindern es beigebracht:
Die Sonne ist eine von vielen,
das Weltall unendlich und schwarz wie die Nacht,
und die Erde ein Ball, wie zum Spielen.

Die Menschen ein Zufallsprodukt der Natur,
die einst durch den Urknall entstanden,
die Erde so groß wie ein Staubkorn nur,
und Gott ist auch nirgends vorhanden.

Es ist dieser Ton von Beliebigkeit,
bedeutungslos menschliches Streben,
aus Gasen die Sterne, feindlich und weit,
ein chemischer Zufall, das Leben.

Mir geht der Gedanke nicht aus dem Sinn:
Es ist nicht egal, wie wir Handeln,
denn möglich wäre es immerhin,
dass wir uns zum Guten hin wandeln.

Auch das, was wir denken ist nicht egal,
vom Sprechen mal gleich ganz zu schweigen,
und unseren Kindern könnten wir mal
das Wundern und Staunen zeigen.

Mag sein, dass wer sich zum Staunen durchringt,
statt an Theorien zu kleben,
unserer Erde die Zukunft bringt
und uns, wie der Mitwelt, das Leben.

*Auf die Gefahr hin, zu langeweilen, hier noch einmal vorwiegend
kritische Blick auf die Errungenschaften unserer Zeit:*

TRANSHUMANISMUS UND TECHNIK

Kreative mancher Orten,
hochdotiert und vielgeschätzt,
rütteln heute an den Pforten,
die dem Leben einst gesetzt.

Blinde werden wieder sehend,
Tauben schenken sie ein Ohr,
und die Lahmen werden gehend
sprechen wird, wer stumm zuvor.

Wissenschaft forscht ungebunden:
Was ist Wirklichkeit, was Schein?
Grenzen werden überwunden -
Leben möge ewig sein!

Humanismus steht darüber,
mit der Silbe ‚Trans' sogar,
und erlösen will's von trüber
Lebensaussicht - das ist wahr!

Mit Computerspiel und Brillen,
Handschuh, Knöpfen, geht, was nie
vorher möglich war - trotz Chillen:
Virtual Reality.

Und wer wär es nicht zufrieden,
GPS, WhatsApp und Co. -
wer auf Reisen abgeschieden,
der ist spätestens drum froh.

Technik ist schon Teil des Lebens,
jetzt, und zukünftig noch mehr.
Wer sie flieht, der flieht vergebens,
Leben ohne sie ist schwer.

Doch trotz Alltagslast und Hektik
hat es manchen schon erreicht,
dass der Segen unsrer Technik
einem Zauberspiegel gleicht.

Was ist außen, was ist innen?
Wollen wir unsterblich sein?
Sollten wir uns nicht besinnen
auf den Geist, statt auf den Schein?

Immerhin gilt zu bedenken
wie uns Technik prägt den Tag,
und ob wir durch sie verschenken,
was der Mensch sonst nur vermag:

Mit dem Herzen lernt zu hören,
wer dem Anderen zugeneigt,
wen die Sinne nicht betören,
‚sieht‘, was nur die Seele zeigt.

Bleiben wir an Dingen kleben?
Stark verzerrt scheint diese Sicht.
Was ist Seele, Geist, was Leben?
Diese Welt versteht es nicht!

Bereits vor einigen Jahrzehnten haben sich kluge Menschen Gedanken gemacht zu unserem goldenen Kalb, der Wirtschaft, die anscheinend nur dann funktioniert, wenn sie beständig ,wächst'. Das war der sog. Club of Rome.
Mich beschäftigen in dem nun folgenden Gedicht ebenfalls Fragen des Wachstums:

WACHSTUM

Blumen wachsen, Bäume auch,
dieses ist im Garten Brauch.
Auch die übrige Natur,
und das meint, nicht Pflanzen nur,
hat das Wachstum als Prinzip,
was uns teuer ist und lieb.

Soweit ist ja alles klar
(respektive wunderbar)!
Was hingegen ein Problem
ist, wenn Wachstum außer dem,
was in Feld und Wald passiert,
wird auf Wirtschaft transferiert.

Wenn noch nicht einmal in Sachsen
Bäume in den Himmel wachsen,
auch in Württemberg nicht und
sonst auch nirgends, gibt's nen Grund:
Wachsen wechselt mit Vergehen,
wie in der Natur zu sehen:

Jedes Jahr und immer wieder
segeln bunte Blätter nieder,
und nur so kann dann im neuen
Jahr uns frisches Grün erfreuen!
Jahreszeitlicher Verlauf
zeigt uns die Gesetze auf.

Wenn wir auf den Menschen schauen,
sollten wir den Grenzen trauen:
Zellenwachstum unterliegt
der Begrenzung, denn sonst siegt
so etwas wie Krebs und Co. -
das macht schließlich keinen froh.

Warum also schwören wir
überall und nicht nur hier,
und das schon seit vielen Jahren,
wissend längst um die Gefahren,
auf ein Wachstum ohne Grenze,
tumorös in voller Gänze?

Sodass Erde und Natur,
lange schon vom Menschen nur
ausgebeutet und versklavt,
weitestgehend ungestraft,
immer mehr und das auch hier
antworten auf diese Gier:

Erdbeben und Regengüsse,
uferlos reißende Flüsse,
Hitzeperioden, Dürren,
Eruptionen, andere Wirren:
Deutlicher geht es kaum mehr,
unsere Erde leidet sehr!

Die Moral von der Geschicht'
kommt am Ende vom Gedicht:
Liegt die Wirtschaft auch danieder,
einen Frühling gibt es wieder.
Doch mit Blick auf unsere Erde
maßvoller die Menschheit werde!

Hier nun noch einmal so ein Credo von mir; vielleicht bin ich ja eine verhinderte Predigerin oder Prophetin, jedenfalls kann ich mir solche Gedanken in unseren Tagen einfach nicht verkneifen. Ich bitte um Nachsicht!

GEDANKEN

Wenn dieses Leben einst zu Ende geht,
getrost mag sein die Seele an der Pforte,
wenn sinnvoll waren einige der Worte,
und draus ein kleiner Hauch von Geist geweht.

Denn sicher bin ich mir, dass nichts im Leben,
nicht Tier, noch Pflanze, und auch kein Gestein
zu denken wäre ohne geistiges Sein,
das allem Physischen Gestalt gegeben.

Allein, die Wertschätzung der Kreatur,
die Achtung vor der Schöpfung jeden Lebens,
auch meines eigenen, ist dort vergebens,
wo statt des Geistes Materielles nur.

Und woher Achtung nehmen, wenn nicht klar,
was Schein, was wirklich? Mehr und mehr verwischen
ganz absichtsvoll die Grenzen, und es mischen
sich Virtualität und Leben - was ist wahr?

Sind wir vernunftbegabt oder besessen?
Ist uns bewusst, was wir heraufbeschworen?
Wird Goethes Zauberlehrling hier geboren?
Was tut mit uns KI - sind wir vermessen?

Doch sollen die Gedanken so nicht enden.
Der Geist, der dieser Welt ihr Dasein gibt,
und der uns frei sein lässt, weil er uns liebt,
ist immer da, wenn wir uns an ihn wenden.

*Leider gehört in unsere Zeit auch noch immer dieses Monster der
Menschheit. Warum nur?*

KRIEG

Du wirst es nicht ändern können,
was du auch ändern wolltest,

doch schau genau hin!

Du bist verdammt, es mit zu tragen,
ohne es selbst ertragen zu müssen,

also schau wenigstens hin!

Du kannst beten und hoffen,
darüber sprechen oder schweigen,
doch es wird weitergehen wie bisher,
ohne Sinn,

und trotzdem: schau hin!

Wenn du nicht ändern kannst,
was du ändern willst,
vielleicht werden andere können.

Wenn du meinst,
den Anblick nicht ertragen zu können
und es dennoch siehst,
werden andere es leichter ertragen.

Wenn du auch nicht glauben kannst,
was da geschieht,
werden andere es leichter haben zu glauben.

Nur darfst du nicht die Zuversicht verlieren,

egal, was du siehst!

Und irgendwie kann man den Eindruck haben, als herrsche inzwischen allerorten eine totale

VER W IRRUNG

Was ist hier eigentlich los -

Was weißt du?
Woran glaubst du?
Worauf vertraust du noch?

Oder hast du dich zurückgezogen vom Vertrauen,
von der Welt, wie sie eben ist,
von den Menschen, die heute leben,
und die dir schließlich alles erzählen können,
die vielleicht lügen und betrügen
oder gar Handlanger sind von bösen Mächten...

Das glaubst du?

Es bleibt nicht mehr viel,
was uns heute Sicherheit geben kann,
aber das Herz verlangt nach Halt.
Es bleibt nicht mehr viel

Zeit

Geist?

LÜGEN

Ich kennte gern die Halbwertszeit von Lügen,
vielleicht, dass so ein Wissen Hoffnung gibt?
Das tote Land, wie gern wollt ich es pflügen,
die Lügensplitter würden ausgesiebt!

Ich würde gerne Wahrheitspflanzen säen,
die grün und üppig breiteten sich aus,
und mit Bedacht im Jahr sie ein Mal mähen
und schmücken damit der Despoten Haus.

Die Wunden der Verletzten wollt' ich pflegen,
die Seelen trösten, die nun heimatlos.
Ein Mosaik aus Hoffnungssteinen legen,
ein Schiff der Zuversicht erbauen, stark und groß.

Die Wahrheit ist, dass voller Zorn ich sehe,
es lügen manche Menschen wie gedruckt.
Und wenn schon, Herr, dein Wille hier geschehe –
hast du da überhaupt mal hingeguckt?!

GEBET

O Herr vergib, ich sollte dich nicht stören,
und meine Worte sind schwach ohnehin,
ein Flüstern nur, du kannst's vielleicht nicht hören,
und wenn du's hörtest, machte es dir Sinn?

Der Frühling kommt, und Menschen müssen sterben,
die dieser Tage lang nicht dran gedacht.
Aus Hoffnungen und Träumen wurden Scherben,
wo Tag es werden sollte, wird es Nacht.

Besorg, o Herr, dass sanfte Schleier wehen
von einer Ruhe, wie sie nur bei dir,
und lasse sie in deine Reiche gehen,
die, deren Wirken nun zu Ende hier.

Den Menschen aber, die die Qual bereiten,
und deren Ohnmacht Einem Macht verlieh,
lass über sie die Engel Flügel breiten
und Liebe schenken, denn die brauchen sie.

Nun noch ein Gedicht, was ich, angeregt durch den Vortrag einer wunderbaren Freundin, einer Priesterin, geschrieben habe, und in dem es u.a. um die Vielheit der Möglichkeiten ging, zu Gott zu gelangen. Und zum Schluss dann ein ‚musikalischer Ausklang'.

WEGE

In der Seele sei Vertrauen,
Mut beflügele deinen Schritt:
Auch auf felsigen und rauen
Wegen geht Er immer mit.

Denn Er gab uns sein Versprechen,
reichte uns zum Bund die Hand,
und trotz Abkehr und Verbrechen
fest Er sich mit uns verband.

Liebe ist Sein ganzes Wesen,
gütig ruht auf uns Sein Blick.
Ihn in allem Sein zu lesen,
zu erkennen - das ist Glück!

Mit dem Herzen zu erspüren,
was im Wort des Nächsten schwingt,
kann zu Seinem Wesen führen,
Friede es den Menschen bringt.

Und kein Zweifel dich errege,
ob Dein Suchen legitim.
Viele hunderttausend Wege
führen den, der will, zu Ihm.

DAS INSTRUMENT

Kunstvoll spielt seit langen Zeiten
wundersam sein Instrument
auf unzählig vielen Saiten
Einer, den hier niemand kennt.

Ein geheimnisvolles Klingen
wohl von Sonne, Wind und Meer,
Saiten, die gemeinsam schwingen,
tönt es wie vom Kosmos her.

Ob des Regens sanftes Plätschern,
ob des Vogelsanges Schall,
ob der Donnerklang von Gletschern,
ob des Windes Widerhall:

Spielt der Meister seine Saiten
regt sich alles, was da lebt.
Nur die Menschen ihm bereiten
Kummer: ihre Welt oft bebt.

Welt ist Wandel, ist Bewegung,
und Bewegung erzeugt Klang.
Segensreich, wenn Menschenregung
lieblich tönt wie Vogelsang...

Inhalt

„Es geht nicht ums Glauben, es geht um viel mehr…"
Auch in diesem Büchlein sind wieder sehr persönliche Gedichte und Texte versammelt, in denen sich Anna Binder-Neetz mit dem Zeitgeschehen, eigenen biographischen Entwicklungen und dem Wunder der Natur beschäftigt.

Im Geleitwort muntert die ausgebildete Osteopathin, die inzwischen in Konstanz lebt und arbeitet, jede und jeden dazu auf, sich selbst künstlerisch zu betätigen. Ihrer Erfahrung nach ist jede Art der Produktivität, besonders der künstlerischen, die beste Medizin gegen Gefühle von Mut- und Hoffnungslosigkeit, von denen wir heute vielleicht mehr als zu anderen Zeiten bedroht sind.

Bei aller Sorge um die Geistlosigkeit unserer Zeit ermöglicht ihr dabei der Humor einen zumeist recht zuversichtlichen und versöhnlichen Blick auf die Welt.